Juhu, Geburtstag!

Rezepte, Motto- und Spielideen für die perfekte Kinderparty

Übersetzung: Marie-Luise Schwarz

Fia Arosenius Ahlanzberg
Fotos: Carin Pålsson

Freja

Inhalt

Fröhlich feiern!

Ich erinnere mich noch gut an die Feste, die ich als Kind feiern durfte. Meine Eltern hatten einfach ein Händchen dafür, dass es richtig fröhliche Feiern wurden. Ich weiß zum Beispiel noch genau, wie meine Mutter mit einer Riesenschüssel Popcorn in den Garten kam. Eigentlich ganz simpel, aber es kam so gut an! Wir saßen da und futterten, bis uns das Popcorn fast zu den Ohren herauskam. Und all die Verkleidungen: Ich war so ziemlich alles vom Gespenst über Mickymaus bis zur Zahnbürste, die wir mit Papas Straßenbesen improvisierten. Für meine allererste Disco hatte ich mir Glühlampen in verschiedenen Farben selbst bemalt. Und Onkel und Tante mussten als Lampenständer herhalten und mit dem Licht blinken. Können Sie sich vorstellen, was wir für einen Spaß hatten?

Heute darf ich die Geburtstagspartys für meinen kleinen, gerade dreijährigen Hugo vorbereiten und ich liebe es, mir ein Motto mit passenden Spielen und Speisen auszudenken, die Hugo und seinen Freunden hoffentlich gefallen. Für jeden Anlass gibt es ein geeignetes Fest! Egal ob Sie es klein oder groß aufziehen, drinnen oder draußen. Die Kinder dürfen gern bei den Planungen mithelfen oder Sie planen die eine oder andere Überraschung mit ein. Was immer Sie machen, es ist einfach schön zu feiern! Natürlich sind wir Eltern jedesmal komplett geschafft, wenn die kleinen Gäste nach Hause gegangen sind – aber was macht das schon? Wenn unser Kind nach dem wunderbaren Tag glücklich ist, dann hat sich die Mühe zweifellos gelohnt!

In diesem Buch habe ich Ideen und Tipps für Speisen und Getränke, Basteleien und Spiele zusammengestellt, die leicht vorzubereiten sind und die Sie zu rundum gelungenen Feiern für kleine und größere Kinder inspirieren sollen. Hoffentlich finden Sie alles, was Sie zu einem unvergesslichen Kindergeburtstag brauchen.

Viel Vergnügen beim Feiern!

Fia

Manege frei!

Für ein buntes Zirkusfest holen wir Clownnasen und jede Menge Luftballons heraus. Den Garten verwandeln wir in einen richtigen Festplatz: Der Garten-Pavillon wird zum Zirkuszelt, unter dem wir das Essen als Büffet servieren. Vielleicht verkleidet sich ein Erwachsener als Dichter? Als Mange legen wir Decken auf den Rasen, auf denen wir Kinder sitzen und essen können. Zum großen Finale gibt es Pfeilwerfen auf Wasserballons!

Clownspizza

Es geht blitzschnell, ein Blech Pizza im Ofen selbst zu machen. Sie wird dann in passend große Stücke für die Kinder geschnitten.

10 STÜCKE

25 g Hefe
250 ml Wasser
2 EL Olivenöl
½ EL Zucker
1 TL Salz
450 g Mehl

100 ml Tomatensoße
20 kleine Scheiben Kochschinken
200 g Reibekäse
4 Tomaten

Die Hefe in eine Schüssel bröckeln. Lauwarmes Wasser, Öl, Zucker und Salz dazugeben. Die Hefe leicht verrühren. Dann das Mehl nach und nach dazugeben, bis ein geschmeidiger Teig entsteht. Den Teig 30 Minuten gehen lassen. Den Backofen auf 200 Grad vorheizen. Das Backblech mit Backpapier auslegen. Den Teig durchkneten, ausrollen und auf das Blech legen. Die Tomatensoße auf dem Teig verstreichen und mit Kochschinken belegen. Den Käse darüber streuen. Die Tomaten in Scheiben schneiden und die Pizza damit belegen. Auf mittlerer Schiene circa 15 Minuten backen.

Tipp!

Für eine Pizza mit kräftigem Geschmack: Nehmen Sie Salami statt Schinken.

Pizza-Tipp!

Sie haben nur ganz wenig Zeit? Dann bestellen Sie eine große Familienpizza mit dem Lieblingsbelag der Kinder und das Essen ist im Handumdrehen fertig.

Schokoladenfontäne

Es schmeckt tierisch gut, wenn man Obst und Süßigkeiten in die geschmolzene Schokolade dippt.

10 PORTIONEN

Banane
Erdbeeren
Marshmallows

500 g Vollmilchschokolade
100 g Sahne

Die Banane in Scheiben schneiden. Große Erdbeeren teilen. Bananenscheiben, Erdbeeren und Marshmallows in mehrere Schälchen füllen. Die Sahne in einem Topf erwärmen. Die Schokolade in kleine Stücke hacken und in der warmen Sahne schmelzen. Dann die Schokoladensoße in eine angewärmte Schüssel oder in einen Schokoladenbrunnen gießen. Jetzt dürfen Obst und Marshmallows in die Schokolade getaucht werden.

Jongleursspieße

10 SPIESSE

20 Cocktailtomaten
10 kleine Mozzarellakugeln
Basilikumblätter

Die Tomaten und die Mozzarellakugeln auf kleine Spieße aufspießen. Mit Basilikumblättern dekorieren, damit es akrobatisch bunt wird.

Zirkustorte

Mit gekaufter Eiscreme zaubert man diese Torte im Nu!

12 PORTIONEN

2 l Erdbeereis
2 l Vanilleeis
2 l Schokoladeneis
1 Eiswaffel
bunte Süßigkeiten zum Dekorieren

Die Innenseite einer Springform mit Backpapier auslegen. Darauf die erste Schicht Eis, die leicht angetaut sein sollte, verteilen. Die beiden anderen Eissorten ebenfalls darüber streichen. Die Torte dann mindestens drei Stunden im Gefrierschrank durchfrieren lassen. Kurz vor dem Servieren herausnehmen und auf einer Platte anrichten. Die Eiswaffel mit der Spitze nach oben als Clownshut in die Mitte stellen. Rundherum mit bunten Süßigkeiten und kleinen Kerzen dekorieren.

Tipp!

Dekorieren Sie den Pavillon in blau, weiß und rot. So wird er im Handumdrehen zum Zirkuszelt, unter dem das Essen serviert werden kann.

Spritzige Bowle

Eine Bowle krönt jedes Fest. Sie lässt sich leicht variieren, je nach Geschmack und mit Beeren der jeweiligen Saison.

10 GLÄSER

0,5 l Saftkonzentrat
2 l Mineralwasser
frische Beeren
Eiswürfel

Die Beeren mit den Eiswürfeln in einen Saftkrug geben. Dann den Saft einfüllen und zum Schluss das Mineralwasser darüber gießen.

Tipp!

Mit tiefgekühltem Obst bleibt die Bowle länger kalt.

Schälchen selbst gemacht!

Bunt wird der Tisch mit gebastelten Schalen für die Süßigkeiten! Die kleinen Behälter werden von den Kindern selbst gefaltet. Und wenn sie leer sind, kann man schön mit ihnen weiterspielen! Zum Beispiel „Himmel und Hölle“ …

Dafür gemustertes Papier in quadratische Stücke schneiden. Die Ecken zur Mitte hin falten. Das Blatt umdrehen und wieder die Ecken zur Mitte falten. Die Spitzen zusammendrücken und die vier Taschen herausziehen.

Pop-Lollipops

15 STÜCK

300 ml Sahne
225 g Zucker
100 ml Sirup (z. B. Ahornsirup)
1 Portion fertiges Popcorn

Trinkhalme

Sahne, Zucker und Sirup in einen Topf mit dickem Boden füllen und 15 Minuten köcheln lassen. Das Popcorn unterrühren. Dann jeweils etwas mehr als einen Esslöffel von der Popcornmasse nehmen und mit Hilfe von zwei Löffeln zu einem Bällchen formen. Einen halben Trinkhalm hineinstecken und die Lollis fest werden lassen.

Dosenwerfen

Ein echter Kirmes-Klassiker!

30 leere Konservendosen
6 Tennisbälle

Die Dosen zu zwei Pyramiden aufstellen und die Kinder in zwei Mannschaften aufteilen. Jedes Kind hat drei Versuche, um die Dosenpyramide mit dem Ball zu treffen. Für jede Dose, die herunterfällt, gibt es einen Punkt. Die Mannschaft mit den meisten Punkten gewinnt.

Gleich platzt die Wasserbombe!

Man muss sich etwas konzentrieren, um die gefüllten Wasserballons zu treffen. Aber wer findet es nicht lustig, wenn die Ballons dann platzen?

Wasserballons
Bambusstangen
Schnur
Pfeile

Füllt die Ballons mit Wasser. Die Bambusstangen werden in den Rasen gesteckt. Bindet die Ballons an eine Schnur, die dann zwischen den Stangen gespannt und verknotet wird. Alle Kinder sollen nun in einer Reihe stehen und an derselben Stelle anfangen. Jeder darf einmal werfen, dann kommt der nächste dran.

Tipp!

Dieses Spiel kann man um die Wette spielen. Dazu werden die Kinder in zwei Gruppen aufgeteilt. Die Mannschaft, die zuerst alle ihre Ballons zum Platzen gebracht hat, gewinnt.

Tortenwerfen

Wer hat nicht schon einmal davon geträumt, jemanden mit einer Torte zu bewerfen? Jetzt ist es soweit!

Füllt flache Alu-Schalen mit Schlagsahne. Ein Erwachsener, der sich als Zielfigur bereit erklärt hat, setzt sich auf einen Stuhl im Garten. Nun hat jedes Kind einen Versuch, um zu treffen. Mensch, was für ein Spaß, wenn man einen echten Volltreffer landet!

Hula-Hoop!

Raus mit den Reifen und schon legen alle Kinder los! Wer kann am längsten den Reifen kreisen lassen? Wer kann am weitesten hüpfen mit dem Hula-Hoop-Reifen um das Fußgelenk? Oder wer kann den Reifen am Arm schwingen und dabei sogar den Arm wechseln?

Clownstipp!
Damit echte Zirkusstimmung aufkommt, setzen Sie allen Gästen eine Clownsnase auf.

Partytipp!

Vielleicht nehmen Sie noch andere Eltern mit, die ein wachsames Auge auf die Kinder haben. Denken Sie daran, auch Erfrischungen und kleine Überraschungen für die Begleitpersonen mitzunehmen.

Partyspaß im Park

Keine Party, weil zu Hause zu wenig Platz ist? Kein Problem – dann ziehen wir einfach in den Park um. Hier ist genug Platz zum Spielen für alle, die sich gern austoben wollen und beim Essen muss man sich über Geklecker keine Gedanken machen. Unter einer großen Baumkrone können wir es uns gemütlich machen und falls es regnen sollte, hält der Baum auch ein paar Tropfen ab. Nehmt Sitzunterlagen mit und dekoriert den Festplatz mit Luftballons, sodass richtig Stimmung aufkommt.

Schlawiener im Schlafrock

Witzige Würstchen im Teigmantel

20 WÜRSTCHEN

20 kleine Wiener Würstchen
200 g Mürbeteig (Fertigprodukt)
1 Ei
Sesamkörner
Ketchup

Backofen auf 200 Grad vorheizen. Den Mürbeteig (alternativ geht auch Blätterteig) dünn ausrollen. In Streifen schneiden, die etwas kürzer sind als die Wurstlänge. Die Würstchen in die Teigstreifen einrollen und den Teig genau nach einer Runde abschneiden. Dann die Würstchen im Teigmantel auf ein mit Backpapier ausgelegtes Blech legen, mit Ei bepinseln und mit Sesam bestreuen.
Circa 10 Minuten auf mittlerer Schiene backen, bis der Teig goldbraun ist. Die Würstchen mit Ketchup zum Dippen servieren.

Schnittchen-Snack

In einer originellen Form sind auch einfache Butterbrote viel lustiger!

10 SCHNITTCHEN

20 Scheiben Toastbrot
20 Scheiben Käse
10 Scheiben Schinken
Gurke
Butter

Butter auf die Toastscheiben streichen und mit Käse und Schinken belegen. Die Gurke in dünne Scheiben schneiden und damit ebenfalls die Brote belegen. Jeweils zwei Brotscheiben aufeinanderlegen und mit Ausstechformen Herzen oder Sterne ausstechen.

Kikeriki-Röllchen

Die leckeren Hähnchen-Wraps sind was für Groß und Klein.

16 RÖLLCHEN

4 dünne Wraps
2 Avocados
4 EL Mayonnaise
½ gegrilltes Hähnchen

Die Avocados teilen, Kerne entfernen, schälen und das Fruchtfleisch pürieren. Avocadopüree und die Mayonnaise auf die Wraps streichen. Das gegrillte Hähnchenfleisch in mundgerechte Stücke zerteilen und auf die Fladen legen. Zusammenrollen und jeden Wrap in vier Teile schneiden.

Erdbeergeprickel

Zum Fest gibt es Erdbeersaft, der mit Mineralwasser gemischt und mit frischen Erdbeeren dekoriert wird!

250 ml Erdbeersaft
1 l Mineralwasser
frische Erdbeeren

Den Erdbeersaft und das Mineralwasser in eine Flasche gießen. Die Erdbeeren in den Gläsern verteilen und die Limonade eingießen.

Tipp!

Nehmen Sie den Lieblingssaft Ihres Kindes oder mischen Sie zum Beispiel Erdbeer- und Himbeersaft.

Bananenspießchen für zwischendurch

Leckere kleine Spieße, die auf einen Streich vernascht werden können.

10 SPIESSE

3 Bananen
30 Mini-Marshmallows

Die Bananen in Scheiben schneiden und abwechselnd mit den Marshmallows auf kleine Holzspieße stecken – ruck, zuck, fertig!

Cremiger Schokopudding

Selbstgemachter Schokoladenpudding schmeckt viel besser als der gekaufte aus dem Supermarkt.

10 KLEINE GLÄSER

½ l Milch
3 EL Speisestärke
3 EL Zucker
3 EL Kakao
1 Ei
frische Himbeeren

Alle Zutaten, außer den Himbeeren, in einem Topf vermischen. Langsam erwärmen und rühren, bis die Masse dicklich wird. In (Picknick-)Gläser gießen und mindestens eine Stunde kalt stellen, damit der Pudding fest wird. Vor dem Servieren mit den frischen Himbeeren garnieren.

Schoko-Früchtchen

30 FRÜCHTCHEN

30 Erdbeeren
100 g dunkle Schokolade
100 g weiße Schokolade

Die beiden Schokoladensorten jeweils in kleine Stücke brechen und getrennt im Wasserbad schmelzen. Die Erdbeeren mit der Spitze eintauchen und auf einem mit Backpapier belegtem Brett trocknen lassen.

Tipp!

Mögen Sie die Schoko-Früchtchen noch festlicher? Dann tauchen Sie sie zusätzlich in Kokosflocken, fein gehackte Nüsse oder in bunte Streusel.

Wo soll ich sitzen?

Die Tischkärtchen können Sie aus Papier und Holzspießchen machen. Schneiden Sie das Papier in passend große Rechtecke. Streichen Sie etwas Kleber auf einen halben Spieß und auf das Papier und knicken Sie es als Flagge um den Spieß. Schreiben Sie den Namen des Kindes darauf und stecken Sie das Fähnchen beispielsweise in den Schoko-Pudding.

Knuspertorte

Diese leckere Torte ist in wenigen Minuten gemacht und man braucht gar keinen Backofen!

12 KUCHENSTÜCKE

300 g Marshmallows
150 g Butter
450 g Hafer-, Reis- oder Dinkelpuffer

Die Marshmallows zusammen mit der Butter bei niedriger Temperatur in einem Topf schmelzen. Dann den Puffreis dazugeben und gut vermischen. Eine Springform mit Backpapier auslegen und das Gemisch gleichmäßig in der Form verteilen. Die Torte zwei Stunden lang bei Zimmertemperatur fest werden lassen. In Stücke schneiden und servieren.

Tipp!
Die Dekoration auf der Torte muss nicht unbedingt essbar sein. Aber achten Sie darauf, dass keiner versucht, sie in den Mund zu stecken.

Ballonjagd

Ein rasantes Spiel mit viel Gelächter, wenn alle Kinder versuchen, die Luftballons ihrer Freunde zu zertrampeln.

Luftballons
Schnur

Blast die Luftballons auf und knotet sie an eine lange Schnur. Jede Schnur wird dann an den Fuß oder Schuh eines Kindes gebunden. Markiert ein Spielfeld, damit nicht im gesamten Park Kinder herumhüpfen. Dann geht es los: Jeder versucht, die Ballons der anderen zu erwischen und sie zu zertrampeln. Derjenige, der zuletzt noch einen Luftballon übrig hat, ist Sieger. Wichtig: Knuffen oder Festhalten ist nicht erlaubt!

Total im Eimer

Dieses Spiel kann einfacher oder schwieriger gespielt werden, je nach Alter der Kinder: Für kleinere Kinder nehmen Sie einen größeren Ball und einen größeren Eimer. Teilen Sie die Kinder in zwei Mannschaften ein, dann ist volle Konzentration gefragt, damit der Ball auch im Eimer landet.

Bälle
Eimer

Die Kinder stehen in einer Schlange und versuchen, den Ball in den Eimer zu werfen. Je weiter man vom Eimer entfernt steht, desto schwieriger wird es.

Tipp!

Ältere Kinder können das Spiel als Staffel machen. Die Mannschaft, bei der als erste alle den Ball in den Eimer geworfen haben, hat gewonnen.

Frisbee®-Golf

Im Park lässt sich gut eine Frisbee®-Bahn abstecken. Befestigen Sie Markierungen an Bäumen, Laternen, Papierkörben oder Bänken. Nun sollen die Kinder jeweils zu dritt losziehen und alle von derselben Stelle aus mit dem Werfen beginnen. Dabei sollen die Frisbee®-Scheiben das Ziel treffen. Schafft man es nicht beim ersten Mal, dann läuft man zu seinem Frisbee® und versucht es weiter. Die Anzahl der Würfe wird notiert. Das Team mit den wenigsten Würfen hat gewonnen.

Der Stift in der Flasche

Ein Klassiker, bei dem man nichts überstürzen darf, um den Stift in die Flasche hinein zu bugsieren.

Bleistift
Schnur
Flasche

Knotet einen Bleistift an eine lange Schnur. Die Schnur wird an den Gürtel des Kindes oder um dessen Taille gebunden, das den Stift balancieren soll. Der Stift soll auf Kniehöhe hängen. Und nun muss er einfach vorsichtig in den Flaschenhals „eingetaucht" werden. Größere Kinder können eine Staffel bilden, bei der jeder den Stift so schnell wie möglich in die Flasche fädelt. Die schnellsten gewinnen!

Der süße Baum

Traumhaft! Ein Baum voller Naschtüten! Zum Abschluss des gelungenen Festes dürfen sich alle Kinder ihre Tüten mit Süßigkeiten vom Baum oder Busch pflücken. Binden Sie die Tütchen ruhig ein bisschen höher, damit die Kinder hochspringen müssen, um sie zu erwischen. Das macht noch mehr Spaß! Die Kinder sind schon größer und können ihren Namen lesen? Dann schreiben Sie die Namen darauf und jeder muss seine Tüte suchen.

China-Party

Holt alle Kissen raus – jetzt feiern wir ein Asia-Fest! Es macht Spaß, wenn man zum Essen mal auf dem Boden sitzen darf. Bittet eure Gäste schon in der Einladung, dass sie ein Kissen zum Sitzen mitbringen. Deckt den Tisch in klaren, asiatischen Farben und mit schönen Süßigkeiten aus dem Asia-Laden, dann wird das Fest garantiert ein Erfolg.

Chings Nudelwok

Leckere Nudeln, in die sich hier und da ein wenig Gemüse eingeschmuggelt hat.

12 KINDERPORTIONEN

400 g Mie-Nudeln
4 (Frühlings)-Zwiebeln
4 Möhren
2 EL Maiskeimöl
2 Zehen Knoblauch
1 EL Zucker
2 EL Austernsoße
100 g Bohnenkeime
1 Dose Wasserkastanien
1 Dose Mais
Sojasoße

Die Nudeln nach Packungsanweisung kochen. Zwiebeln und Möhren fein hacken. Das Öl in einem Wok erwärmen. Die Zwiebeln anbraten und die Knoblauchzehen durchpressen. Zucker und Austernsoße zugeben. Dann Möhren, Bohnenkeime, Wasserkastanien und Mais dazugeben und alles kurz durchbraten. Die Nudeln dazugeben und alles durchmischen. Mit Austern- und Sojasoße abschmecken.

Kaiserliche Köstlichkeiten

So liebte der Kaiser von China sein Hühnchen.

15 SPIESSE

1 kg Hähnchenbrustfilets
Salz
Pfeffer
3 EL Sesam- oder Sonnenblumenöl

Die Filets in mundgerechte Stücke schneiden und auf hölzerne Grillspieße stecken. Salzen und pfeffern. Das Öl in einer Bratpfanne erhitzen und die Spieße knusprig braten. Sie können auch eine ofenfeste Form mit Öl auspinseln, die Spieße hineinlegen und circa 10 Minuten bei 200 Grad im Ofen braten.

Peking-Bowle

10 GLÄSER

1,5 l Ananassaft
400 ml Kokossaft
1 Kiwi
Limette
Eiswürfel

Die beiden Säfte in einen Krug gießen. Die Kiwi schälen, in Stücke schneiden und dazugeben. Ein paar Eiswürfel hineinschütten, damit die Bowle schön kühl wird. Die Gläser mit Limettenscheiben garnieren.

Spieß à la Shanghai

Die gesunden, bunten Spieße rutschen wie von selbst runter.

Käse
Kiwi
Weintrauben
Kaki (Sharonfrucht)
Physalis
Cocktailtomaten

Käse und Obst in kleine Stücke schneiden und zusammen mit den Tomaten auf Holzspieße stecken.

Drachenfutter

Die knusprigen Frühlingsrollen sind gut als Fingerfood geeignet.

20 ROLLEN

50 g Glasnudeln
3 Zwiebeln
2 Knoblauchzehen
4 EL Maiskeimöl
100 ml Bohnenkeime
1 kleine Möhre, geraspelt
20 kleine Frühlingsrollen-Teigblätter (aus dem Asia-Laden)
1 Eiweiß
Salz
Pfeffer
Süße Chilisoße

Backofen auf 225 Grad vorheizen. Die Nudeln durchbrechen und nach Packungsanweisung kochen. Zwiebeln und Knoblauch fein hacken. Die Hälfte des Öls in einer Pfanne erhitzen. Zwiebeln und Knoblauch darin anbraten, Bohnenkeime und die geraspelte Möhre dazugeben.Die Pfanne von der Kochplatte nehmen und die Nudeln mit dem Gemüse vermischen. Auf jedes Teigblatt 1 ½ EL Füllung legen, die kurze Seite einschlagen, die Ränder mit Eiweiß bestreichen und einrollen.Legen Sie die Frühlingsrollen mit der Kante nach unten auf ein mit Backpapier ausgelegtes Blech. Mit Öl bepinseln und auf mittlerer Schiene ungefähr 10 Minuten backen, bis die Rollen goldbraun und knusprig sind. Lauwarm mit süßer Chilisoße servieren.

Partytipp!

Erleichtern Sie sich die Arbeit mit fertig gekauften Frühlingsrollen. Diese bepinseln Sie mit Öl und backen sie im Ofen auf.

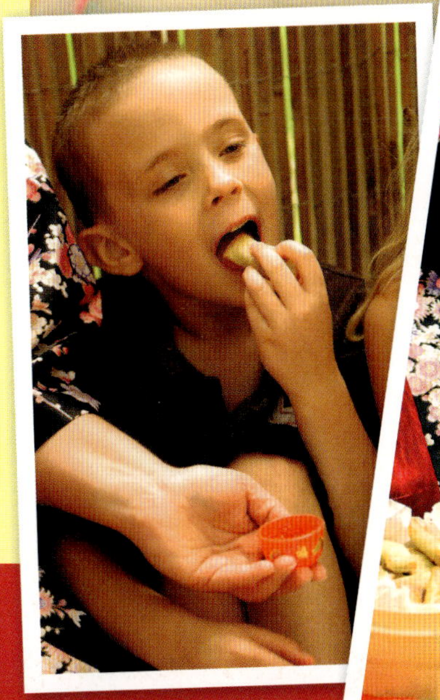

Erbsenjagd mit Stäbchen

Bei diesem Spiel muss man sich wirklich konzentrieren. Jedes Kind bekommt ein Paar Essstäbchen, ein Schälchen mit grünen Erbsen und ein leeres Schälchen. Auf Kommando muss jeder versuchen, die Erbsen von der einen Schale mithilfe der Stäbchen in die andere Schale zu befördern. Wer die meisten Erbsen geschafft hat, ist Sieger. Wenn viele Kinder dabei sind, können die Gruppensieger noch gegeneinander antreten.

Gelbe Köstlichkeiten

Warme Bananen, knusprig eingepackt, mit Eis und goldgelbem Sirup. Einfach köstlich!

10 BANANEN

10 Frühlingsrollen-Teigblätter (aus dem Asia-Laden)
10 Baby-Bananen
1 EL Maiskeimöl
Vanilleeis
Ahornsirup

Backofen auf 200 Grad vorheizen. Eine geschälte Banane auf jedes Frühlingsrollen-Teigblatt legen. Die Ränder mit Wasser bestreichen. Zu einem Paket zusammenfalten. Die Bananenpäckchen mit der Kante nach unten auf ein mit Backpapier ausgelegtes Blech legen und mit Öl bestreichen. 10 Minuten im Ofen backen. Lauwarm mit Eis und Sirup servieren.

Tipp!
Bittet Eure Gäste schon in der Einladung, dass sie ein Kissen zum Sitzen mitbringen.

Chinesischer Paketservice

Ein rasantes Spiel, bei dem Papier durch die Luft fliegt. Ein Paket vorab mit mehreren Lagen Geschenkpapier einwickeln. Alle Kinder setzen sich in einen Kreis. Die Musik läuft und das Paket wandert solange von einem Kind zum anderen, bis die Musik abgedreht wird. Dann darf das Kind, das gerade das Paket in der Hand hält, sofort mit dem Auspacken anfangen. Doch sobald die Musik wieder weiterspielt, muss das Paket auch weitergegeben werden. Es wandert weiter, bis die letzte Lage Papier ausgepackt ist. Im Paket findet der Gewinner dann einen Preis.

Tipp!

Für echte China-Stimmung: Glückskekse und Tischfeuerwerk nicht vergessen!

Das erste Geburtstagsfest

Ein ganzes Jahr ist schon vergangen! Es ist Zeit für das allererste Geburtstagsfest, das vielleicht mehr für die etwas größeren Kinder und die Erwachsenen gefeiert wird, aber dennoch etwas ganz Besonderes ist. Und wie schnell wird Ihr kleiner Goldschatz lernt, was ein Geburtstagsfest ist! Also feiern Sie fröhlich mit einer leckeren Pfannkuchentorte, die bei Kleinen und Großen ankommt. Für besonders hungrige Mägen gibt es außerdem eine sättigende Sandwichtorte.

Tipp!
Sie können die Sahne auch mit Kakao, pürierten Erdbeeren, Blaubeeren, Himbeeren oder abgeriebener Zitronenschale mischen.

Pfannkuchentorte

Ein echter Klassiker, der bei Kindern und Erwachsenen sehr beliebt ist. Außerdem kann die Torte nach Geschmack und Jahreszeit leicht abgewandelt werden.

2 TORTEN

150 g Weizenmehl
½ TL Salz
600 ml Milch
3 Eier
50 g Butter

400 g Sahne
3 EL Puderzucker
Lebensmittelfarbe

Bananen
Himbeeren
Blaubeeren
Erdbeeren

Mehl mit dem Salz in einer Schüssel mischen. Langsam die Milch zugießen und den Teig glatt rühren. Die Eier aufgeschlagen zugeben und verrühren. Die Butter schmelzen und dazugießen. In einer Pfanne mit etwas Butter acht Pfannkuchen backen.Die Sahne zusammen mit dem Puderzucker steif schlagen. Nach Belieben mit Lebensmittelfarbe leicht einfärben. Dann den ersten kalten Pfannkuchen auf eine Tortenplatte legen und mit Bananenscheibchen belegen. Pfannkuchen, Sahne und Beeren aufschichten. Mit einer Schicht Sahne abschließen und mit Beeren garnieren.

Kleine Sandwichtorte

Die kleine Sandwichtorte kann noch höher gestapelt werden, wenn es zwei bis drei Portionen geben soll. Rechnen Sie mit zwei Pita-Broten pro Portion.

kleine runde Pita-Brote
Butter
Leberpastete (ggf. Leberwurst)
Käse
Gurken
Tomaten

Die Brote mit Butter bestreichen, dann abwechselnd mit Leberpastete und mit Käse belegen. Zwischen jede Schicht Gurkenscheiben legen und die Oberseite mit Tomaten garnieren.

Naschtüten für Minis

Keine Schokolade für die Kleinsten! Packen Sie ihnen stattdessen ein kleines Spielzeug und etwas Trockenobst ein. Das macht gesund glücklich.

Strandparty

Sommer und Sonne! Wenn die Sonne brennt und das Meer schön warm ist, will man gern viel Zeit am Strand verbringen. Was könnte da besser passen als eine Party am Strand? Am Meer findet sich alles, was man für ein richtig gutes Fest braucht. Strand zum Herumtoben, das Meer zum Schwimmen, Sand zum Spielen und die Dünen als Schutz gegen den Wind. Füllt die Körbe mit Essen und Leckereien. Packt Handtücher, Schaufeln und Eimer ein. Gleich beginnt eine tolle Strandparty mit viel Spiel, Spaß und spannender Sommerstimmung.

Partytipp!
Laden Sie auch zusätzlich eine erwachsene Begleitperson ein, die mit auf badende Kinder aufpassen kann.

Hähnchenkeulen

10 PORTIONEN

20 Hähnchenkeulen
2 EL Olivenöl
1 ½ TL Grillgewürz

Backofen auf 225 Grad vorheizen. Die Hähnchenkeulen mit Öl einpinseln und mit Grillgewürz einreiben. Auf ein Blech legen und auf mittlerer Schiene 25 Minuten garen. Herausnehmen und etwas abkühlen lassen. Die Enden mit Alufolie umwickeln, damit man sich beim Essen die Hände nicht verschmiert.

Möwenfutter

Leckere Baguettes, die auch am Strand satt machen.

10 BAGUETTESTÜCKE

3 Dosen Thunfisch in Öl
3 EL Mayonnaise
150 g Mais
½ Zitrone
2 EL fein gehackter Dill
Salz
Pfeffer
2 große Baguettes

Den Thunfisch abtropfen lassen und mit der Mayonnaise und dem Mais in eine Schüssel geben. Mit der abgeriebenen Zitronenschale und dem Zitronensaft verrühren. Dill dazugeben und mit Salz und Pfeffer abschmecken. Die Baguettes in zehn Stücke schneiden, halbieren und mit der Füllung belegen.

Schneckensalat

10 PORTIONEN

800 g Nudeln (am besten in Schneckenform)
2 EL Öl und Essig
20 Cocktailtomaten
200 g Zuckerschoten
20 kleine Käsewürfel
Salz
schwarzer Pfeffer

Die Nudeln laut Packungsanweisung kochen und abgießen. Das Öl darüber gießen und gut verrühren. Tomaten und halbierte Zuckerschoten dazugeben und die Käsewürfel untermischen. Mit Salz und Pfeffer abschmecken.

Sommergemüse mit Dip

Gemüse schmeckt gut, aber noch besser, wenn man es dippen darf.

10 PORTIONEN

400 g Frischkäse
3 TL Grillgewürz

Möhren
Gurken

Den Frischkäse mit dem Grillgewürz verrühren und in eine verschließbare Dose füllen. Die Möhren schälen. Alles in längliche Stücke schneiden. Dippen!

Einen an der Waffel

Köstlich kleine Kuchen in der Eiswaffel!

15 STÜCK

350 g Marmorkuchen (Fertigprodukt)
1 ½ EL Frischkäse
15 Eiswaffeln
200 g dunkle Schokolade
200 g weiße Schokolade
Streusel

Den Kuchen in einer Schüssel zerbröseln und mit dem Frischkäse zu einem Teig verrühren. Aus der Masse 15 Bällchen formen, diese auf einen Teller legen und eine Stunde kalt stellen. Die Eiswaffeln mit einem Messer vorsichtig auf eine Länge von 8 cm kürzen. Die Kuchenbällchen in die Waffeln drücken. Wieder kühl stellen während Sie die Schokoladensorten getrennt im Wasserbad schmelzen. Dann die Waffeln „kopfüber“ in die Schokolade tauchen und abtropfen lassen. Mit Streuseln garnieren, bevor die Schokolade ganz getrocknet ist. Die fertigen Waffeln in mit Zucker gefüllte Gläser stecken und trocknen lassen.

Durstlöscher am Spieß

Erfrischend, leicht und echt lecker!

1 Honigmelone
½ Wassermelone

Aus den Melonen kleine Kugeln ausstechen und auf Cocktailspieße aufspießen.

Tipp!

Wer keinen Kugelstecher zur Hand hat, kann die Melonen genauso gut in kleine Würfel schneiden.

Bananen mit Sonnenbrand

10 PORTIONEN

10 Bananen
150 g Schokolade
Eis

Die Schale jeder Banane längs einschneiden. Die Schokolade in kleine Stücke brechen und in die aufgeschlitzten Bananen stecken. Die Bananen in Alufolie einwickeln und über einem Glutbett solange grillen, bis sie warm sind und die Schokolade geschmolzen ist. Das dauert ungefähr sieben Minuten. Mit einer Kugel Eis servieren.

Tipp!
Füllen Sie eine Kühltasche mit Eiswürfeln und stellen Sie die Eiscreme hinein. Dann bleibt sie ein paar Stunden gefroren.

Partytipp!
Ein heißer Tag am Strand? Denken Sie daran, viel Eis zum Kühlen mitzunehmen, damit die Getränke und das Essen gekühlt bleiben.

Frische Brise

Ein prickelndes, erfrischendes Getränk, das am Strand super schmeckt!

5 GLÄSER

2 Zitronen
3 EL Zucker
3 Maracujas (Passionsfrüchte)
1 l Mineralwasser mit Kohlensäure

Die Zitronen auspressen. Den Saft mit Zucker verrühren und in eine Flasche gießen. Die Maracujas halbieren und das Fruchtfleisch in die Flaschen geben. Das Mineralwasser darüber gießen. Gut gekühlt servieren.

Wassertennis

Ein Spiel, das großen und kleinen Kindern Spaß macht. Schnell feuern sie sich bei dem spannenden Wettkampf an.

Wanne
Trinkhalme
Tischtennisbälle

Füllt die Wanne mit Wasser. Die Wannengriffe sollen die Tore darstellen. Jeweils zwei Spieler versuchen, durch ihren Trinkhalm das Bällchen ins Tor zu pusten. Wer den Ball als erster ins gegnerische Tor gepustet hat, ist Sieger.

Strandfußball

Ein Spielfeld in den Sand zeichnen und zwei Tore markieren (z. B. mit Handtüchern). Dann werden die Kinder in zwei Mannschaften eingeteilt und das Match am Meer beginnt.

Drehwurm im Watt

Ein Spiel zum Schwindligwerden.

Teilen Sie die Kinder in Mannschaften ein. Stecken Sie für jede Mannschaft einen Stock in den Sand, der ein gutes Stück entfernt steht. Der Stock sollte kräftig sein und den Kindern bis zur Taille reichen. Das erste Kind jeder Mannschaft beginnt, rennt zu seinem Stock, schaut nach unten und läuft fünf Runden um den Stock herum. Danach hat es bestimmt einen kleinen Drehwurm im Kopf und versucht, schnell wieder zur Mannschaft zurückzukommen, damit das nächste Kind drankommt.

Tipp!

Wenn Sie echt tropische Strandstimmung zaubern wollen, bauen Sie ein Zelt aus Bambusstöcken und Gazetüchern auf. Das Essen servieren Sie auf Bastmatten. Und als Servierplatten nehmen Sie Bananenblätter, die in Asia-Läden erhältlich sind, oder Rhababerblätter.

Flaschenpost

Statt Naschtüten: Füllen Sie leere Flaschen mit Süßigkeiten und lassen Sie die Kinder ihre Flaschenpost beim Angelspiel mit Stöcken angeln. Nehmen Sie Flaschen mit großer Öffnung, damit die Süßigkeiten auch durchpassen.

Sandburg auf Zeit

Her mit Schaufeln, Eimern und allem, was man für eine schöne Sandburg gebrauchen kann. Die Kinder werden in Teams eingeteilt. Jedes Team soll innerhalb einer bestimmten Zeit eine Burg, beispielsweise mit zwei Türmen und einem Wassergraben, bauen.

Bowling am Strand

Schwer. Aber schwer lustig!

16 leere Konservendosen
2 Fußbälle

Die Kinder in zwei Mannschaften einteilen. Je acht Dosen für eine Mannschaft im Dreieck in den Sand stellen. Jedes Kind hat einen Versuch, den Ball Richtung Dosen zu kullern, um dabei so viele Dosen wie möglich umzuwerfen. Jede umgefallene Dose ergibt einen Punkt. Die Mannschaft mit den meisten Punkten ist Sieger.

Fiesta Mexicana

Hossa – lasst uns die Sombreros und Rumba-Rasseln aus der Verkleidungskiste holen: Wir feiern eine fröhliche Fiesta Mexicana! Den Tisch dekorieren wir mit bunten Rasseln und essbaren Kakteen – und hängen dicke Pompons an die Decke. Dazu gibt es mexikanisches Essen, lecker und easy. Als Durstlöscher servieren wir ein besonderes Festgetränk: Erdbeer-Kinderdaiquiri. Und nach dem Essen gibt es Spiele! Eine Piñata ist einfach ein Muss für eine mexikanische Fiesta. Los geht's! Olé!

Erdbeer-Daiquiri

10 GETRÄNKE

2 kg gefrorene Erdbeeren
200 ml Erdbeersaft
400 ml Zitronenlimonade
½ Zitrone
Zucker

Die Erdbeeren leicht auftauen lassen. Zusammen mit dem Saft zu einem dickflüssigen Püree mixen und mit Zitronenlimonade vermischen. Die Zitrone in Scheiben schneiden, jeweils den Glasrand damit abreiben und die Ränder in Zucker stippen. Den Erdbeer-Daiquiri eingießen und sofort servieren.

Acapulco-Wraps

Die kleinen Rollen sind pikant gefüllt.

10 PORTIONEN

1 kg Hähnchenfilets
1 El Olivenöl
1 Zwiebel
2 Paprikaschoten
1 ½ TL Salz
2 TL Kreuzkümmel
1 TL Chilipulver
100 ml Wasser
10 kleine Tortillas
Salsa-Soße
1 Dose Mais
Salat
saure Sahne

Die Hähnchenfilets in Streifen schneiden und mit dem Öl in einer Pfanne braten. Zwiebeln und Paprika klein schneiden und in der Pfanne mit Salz, den Gewürzen und Wasser vermischen. Köcheln lassen, bis das Wasser eingekocht ist. Das Hähnchenfleisch zusammen mit der Salsa-Soße, Mais, Salat und der sauren Sahne auf den Tisch stellen, damit die Kinder sich ihre Wraps selbst füllen können.

Nachos à la Paco

Nachos sind leicht mit den Fingern zu essen und schmecken echt lecker.

10 PORTIONEN

1 EL Olivenöl
800 g gemischtes Hackfleisch
2 Tüten Taco-Gewürzmischung
300 ml Wasser
1 Tüte Nachos (Tortilla Chips)
150 g Reibekäse
milde Salsa-Soße

Den Backofen auf 225 Grad vorheizen. Das Hackfleisch mit Öl in einer Pfanne gut durchbraten, Gewürze und Wasser zugeben und das Ganze knapp 10 Minuten köcheln lassen. Die Nachos auf ein mit Backpapier ausgelegtes Blech legen. Auf jeden Nacho knapp einen Esslöffel Hackfleischfüllung geben und alles mit Käse bestreuen. Circa 10 Minuten im Ofen überbacken. Zusammen mit milder Salsa-Soße servieren.

Gold-Kolben mit Butter

Ein Klassiker. Einfach und gut.

10 PORTIONEN

5 frische Maiskolben
Butter, Salz

Die Maiskolben halbieren und in leicht gesalzenem Wasser circa 10 Minuten kochen. Warm mit Butter und Salz servieren.

Kleine Bomben

10 PORTIONEN

20 kleine Kartoffeln
100 g Crème fraiche
Salz

Den Backofen auf 200 Grad vorheizen. Die Kartoffeln halbieren und die Enden so abschneiden, dass sie mit der großen Schnittfläche nach oben stehen können. Auf ein Blech setzen und 20 Minuten im Ofen backen. Einen Klecks Crème fraiche darauf setzen und leicht salzen, sobald sie etwas abgekühlt sind.

Tipp!

Wer mag, kann die Crème fraiche mit frischem Schnittlauch, Petersilie oder Dill würzen.

Kaktustorte

20 PORTIONEN

6 Eier
300 g Zucker
100 g Butter
200 ml Milch
350 g Mehl
4 TL Backpulver
2 TL Vanillezucker
1 Päckchen Vanillepuddingpulver
3 EL Zucker
0,5 l Milch
1 Glas Erdbeermarmelade
400 g Sahne
3 EL Puderzucker
grüne Lebensmittelfarbe
Süßigkeiten zum Garnieren

Den Backofen auf 175 Grad vorheizen. Eier und Zucker schaumig rühren. Flüssige Butter und Milch unterrühren. Das Mehl mit dem Backpulver und dem Vanillezucker vermischen und in die Eiermasse einrühren. Vorsichtig zu einem glatten Teig verrühren. Ein Blech mit Backpapier auslegen und die Masse darauf gießen. Im Backofen auf der untersten Schiene circa 35 Minuten backen. Den Kuchen abkühlen lassen.

Vanillepudding laut Packungsanweisung zubereiten. Die Torte aufschneiden, sodass zwei Hälften entstehen. Die eine Hälfte mit Erdbeermarmelade und dem Vanillepudding bestreichen und die zweite Hälfte wieder darauf setzen. Die Sahne mit dem Puderzucker steif schlagen und grün einfärben. Die Torte mit der Sahne bestreichen und mit Süßigkeiten „mexikanisch" garnieren.

Tipp!
Decken Sie eine Papiertischdecke auf und stellen Sie Buntstifte auf den Tisch. Jetzt dürfen die Kinder selbst die Tischdecke verzieren.

Rasseln

Füllt getrocknete Bohnenkerne in leere Toilettenpapier- oder Küchenkrepprollen. Dann die Rollen in buntes Papier einpacken. Die Enden mit einer Schnur zuknoten und in Streifen einschneiden.

Süßer Kaktus

Ein Kaktus, den man essen kann. Gibt es etwas Besseres?

2 STÜCK

2 saubere Blumentöpfe
1 Gurke
braune Schoko-Dragées
Geleefrüchte mit Himbeergeschmack
Zahnstocher

Die Gurke halbieren und in einen Blumentopf stecken. Wenn sie zu tief steckt, mit etwas zusammengeknülltem Backpapier „aufpolstern". Mit Schoko-Dragées auffüllen, damit die Gurke stabil steht. Die Himbeer-Geleefrüchte auf Zahnstocher aufspießen und die Enden als Kaktusstacheln in die Gurke stecken.

Bunte Kakerlaken

Das Popcorn wird mit etwas Farbe aufgepeppt!

Maiskeimöl
Lebensmittelfarbe
Popcorn
Butter
Salz

Das Öl mit Lebensmittelfarbe in einen Topf gießen. Die Popcorn-Körner dazugeben, wenn das Öl genügend erhitzt ist (mit einigen Probekörnern ausprobieren). Die Körner poppen lassen und dann in eine Schüssel schütten. Die Butter zusammen mit Lebensmittelfarbe schmelzen, flüssig über das Popcorn gießen und gut mischen. Nach Belieben auch leicht salzen.

Pompons

Bunte Papier-Pompons verbreiten Partystimmung!

10 Bögen Seidenpapier

Die Seidenpapierbögen exakt übereinander schichten. Dann gleichmäßig von der schmaleren Seite her falten, sodass ein Fächer entsteht. In der Mitte mit einem Stück Draht abbinden. Eine Schnur daran befestigen, an der der Pompon später aufgehängt werden kann. Die Kanten rund oder spitz zuschneiden. Die Falten dann wie bei einem Fächer aufbiegen. Bogen für Bogen zur Mitte hin zupfen. Nach der Hälfte den Pompon umdrehen und die anderen Bögen zur anderen Seite hin zupfen. Wenn alle Bögen in Form gezupft sind, kann der Pompon aufgehängt werden.

Reise nach Mexiko

Ein Spiel für schnelle Reaktion und viel Gelächter.

Die Kinder sitzen im Kreis. Die Musik spielt. Ein Kind setzt einen Sombrero auf, den es dann zum nächsten Kind weitergibt. Derjenige, der den Hut auf dem Kopf hat, wenn die Musik aussetzt, muss ausscheiden. Das Kind, das zuletzt noch übrigbleibt, hat gewonnen.

Piñata

Hierbei geht es richtig rund! Sorgt für genügend Bewegungsfreiheit rund um das gefüllte Eselchen. Wenn die Piñata zerschlagen ist, bricht ein wunderbares Chaos aus …

1 Piñata
Süßigkeiten
Besenstiel
Augenbinde

Füllen Sie die Piñata mit Süßigkeiten und hängen Sie sie an die Decke oder in einen Türrahmen. Dann bekommen die Kinder reihum die Augenbinde umgebunden, drehen sich im Kreis und müssen versuchen, mit dem Besenstiel die Piñata zu zerschlagen.

Tipp!

So basteln Sie eine Piñata selbst: Blasen Sie einen großen Luftballon auf und kaschieren Sie ihn mit Seidenpapier und Kleister. Trocknen lassen. Eine Öffnung einschneiden, Süßigkeiten einfüllen, Piñata mit Krepppapierstreifen verzieren.

Rock-'n'-Roll-Party

Bei dieser Party dreht sich alles um coole Songs, Musikspiele und Dancing. Lassen Sie die Kids ihre liebsten Partyhits zusammenstellen. Und dann wird abgetanzt!

Let's twist!

Ein gestreifter Milchshake kommt gut an!

10 PORTIONEN

2 l Milch
2 l Vanilleeis
Schokoladensoße

Die Gläser auf der Innenseite mit einer Spirale aus Schokoladensoße ausgießen. Milch und Eis zu einem cremigen Shake mixen. In die Gläser gießen und sofort servieren!

Tipp!

Der Shake schmeckt auch toll mit Bananenpüree, Karamell- oder Erdbeersoße!

Rock-'n'-Roll-Burger

Klassische Hamburger sind nie verkehrt!

10 HAMBURGER

10 Hamburger-Brötchen

Burger
1 kg gemischtes Hackfleisch
1 TL Salz
½ TL schwarzer Pfeffer
3 EL Butter

Soße
200 g Crème fraiche
4 EL Mayonnaise
4 EL Ketchup
3 süßsaure Gewürzgurken
Salz
Pfeffer

10 Scheiben Käse
Tomaten
Salat

Das Hackfleisch mit Salz und Pfeffer mischen und zu zehn Scheiben formen. Die Butter in der Pfanne schmelzen und das Fleisch darin durchbraten, bis es schön braun ist. Dann die Soße zubereiten: Crème fraiche, Mayonnaise und Ketchup verrühren, die Gurken fein hacken und untermischen. Mit Salz und Pfeffer abschmecken. Alle Zutaten als Büfett aufbauen, von dem sich die Kids ihren eigenen Burger zusammenstellen können.

Tipp!
Wenn Sie viele Burger braten müssen: Braten Sie das Fleisch in der Pfanne an und legen Sie es dann zum Durchbraten auf ein Blech in den Backofen.

Potatoes oder Pommes?

Selbstgemachte Ofenkartoffeln sind immer am besten! Und tiefgefrorene Pommes gehen blitzschnell! Entscheiden Sie sich für eine Variante, je nachdem, wie viel Zeit Sie haben.

10 PORTIONEN

1 ½ kg feste Kartoffeln
4 EL Olivenöl
Salz

Den Backofen auf 200 Grad vorheizen. Die Kartoffeln schälen und in dünne Spalten schneiden. Die Kartoffelspalten mit dem Öl und Salz in einen Plastikbeutel geben und gut vermischen. Ein Blech mit Backpapier auslegen und die Kartoffeln darauf ausbreiten. Circa 30 Minuten im Backofen auf mittlerer Schiene backen.

Disco-Lollis

Funkelnde Kuchen-Lollis.

20 LOLLIS

250 g Butter (zimmerwarm)
75 g Zucker
2 EL Honig
250 g Weizenmehl
20 Holzstiele

Glasur
Streusel

Den Backofen auf 200 Grad vorheizen. Die Butter in kleine Stücke schneiden und mit dem Zucker, dem Honig und dem Mehl zu einem glatten Mürbeteig verarbeiten. Den Teig in Frischhaltefolie einwickeln und mindestens eine Stunde in den Kühlschrank legen. Danach ca. ½ cm dick ausrollen. Mit einem Keks-Ausstecher Sterne oder Herzen ausstechen. Die Kekse auf ein mit Backpapier ausgelegtes Blech legen und vorsichtig in jeden einen Holzstiel hineindrücken. Im Ofen zehn Minuten backen und dann abkühlen lassen. Mit bunter Glasur und Streuseln garnieren.

CD-Torte

Eine total glitzernde Festtorte!

Kuchen
3 Eier
80 g Zucker
50 g Butter
100 ml Milch
175 g Mehl
1 TL Vanillezucker
2 EL Kakao
2 TL Backpulver

Füllung
3 Bananen
300 g Erdbeeren

Sahne
400 g Sahne
1 EL Zucker

3 Döschen Zuckerperlen in Silber
2 EL Streudekor in Schwarz

Den Backofen auf 175 Grad vorheizen. Eier und Zucker schaumig schlagen. Flüssige Butter und Milch unterrühren. Das Mehl mit dem Backpulver, dem Vanillezucker und dem Kakao vermischen und in die Eiermasse einrühren. Vorsichtig zu einem glatten Teig verrühren. In eine Springform füllen und etwa 30 Minuten backen. Dann abkühlen lassen.
Den Boden zweimal aufschneiden. Die Erdbeeren pürieren und auf der ersten Kuchenlage verstreichen. Die nächste Schicht darauf legen und diese mit pürierten Bananen füllen. Dann die letzte Schicht darauf setzen. Sahne mit Zucker steif schlagen und die Torte damit bestreichen. Einen Kreis aus Backpapier mittig auf die Torte legen. Rundherum mit Silberperlen garnieren. Das Backpapier abziehen und dort schwarzes Streudekor aufrieseln lassen.

Tipp!

Die Sahne kann auch mit Kakao, abgeriebener Zitronenschale oder Karamellsoße aromatisiert werden.

Radiokuchen

200 g Sahne
1 EL Honig
200 g dunkle Schokolade
25 g Butter
70 g Butterkekse

Die Sahne mit dem Honig aufkochen. Die Schokolade klein hacken und in der Sahne auflösen. Die Butter dazugeben. Eine Kuchenform (ca. 15 cm × 30 cm) mit Backpapier auslegen und die Schokoladenmasse abwechselnd mit den Keksen in die Form schichten. Mindestens drei Stunden kühl stellen, damit der Kuchen fest wird. Dann in kleine Scheiben schneiden.

Quatsch-Tanzen

Hier kommt es darauf an, sich so albern wie möglich anzustellen. Statt schön cool zu tanzen, soll man hier als echter Quatschkopf auftreten. Es werden zwei Gruppen gebildet. Eine Gruppe tanzt, die anderen sind die Jury. Dann wird gewechselt. Die Gewinner erhalten beispielsweise einen kleinen albernen Hut.

Limbo

Ein lustiges Spiel, das Biegsamkeit und Balance erfordert. Und natürlich gute Musik!

Besenstiel

Alle Kinder stellen sich hintereinander auf. Zwei Erwachsene halten einen Besenstiel zwischen sich, anfangs noch ziemlich hoch. Alle Kinder müssen nun unter dem Besenstiel hindurchtanzen, ohne ihn zu berühren. Man darf sich nur nach hinten lehnen, nicht nach vorn! Wenn alle Kinder einen Versuch gemacht haben, wird der Besenstiel tiefer gehalten. Wer sich unter dem Besenstiel auf niedrigster Höhe durchwinden kann, ist Sieger.

Stopp-Tanzen

Erst wild tanzen und dann ganz, ganz still stehen!

Alle Kinder tanzen auf der Tanzfläche. Wenn die Musik verstummt, müssen alle ganz still stehen. Wer sich auch nur einen Mucks bewegt, muss ausscheiden. Wer am längsten durchhält, gewinnt.

Reise nach Graceland

Eigentlich die klassische „Reise nach Jerusalem" für blitzschnelle Rock-'n'-Roller.

Stühle
Musik

Die Stühle in zwei Reihen mit den Rücken gegeneinander stellen. In jeder Runde ist ein Stuhl weniger als es Mitspieler gibt. Die Musik läuft. Sobald sie verstummt, müssen sich alle so schnell wie möglich auf einen Stuhl setzen. Wer keinen freien Stuhl mehr erwischt, scheidet aus. Dann wird ein Stuhl herausgenommen und eine neue Runde beginnt. Wer es auf den allerletzten Stuhl schafft, hat gewonnen.

Volle Kraft voraus!

Ladet zu einer schwungvollen Geburtstagsfeier in die Turnhalle ein! Hier kann sich jeder Springinsfeld so richtig austoben, ohne dass irgendetwas kaputtgehen kann. Packt ausreichend Essen, Süßigkeiten und Getränke ein, damit niemand schlapp macht. Dann müssen nur noch Ringe, Matten, Kletterseile, Reifen, Bälle und andere Sportgeräte herausgeholt werden. Mit rasant-raffinierten Spielchen wird es ein tolles Fest!

Volltreffer-Pita

Die Pita-Brote werden zu Hause mit leckeren Frikadellen, Salat und Gurke gefüllt. Die Soße wird direkt vor dem Essen darüber gegossen.

10 PORTIONEN

Burger
1 kg gemischtes Hackfleisch
2 Eier
2 TL Salz
½ TL Pfeffer
2 EL Olivenöl

Soße
400 g Crème fraiche
2 EL Mayonnaise
2 EL süße Chilisoße
Salz
Pfeffer

10 Pita-Brote
Salat
Gurke

Das Hackfleisch mit den Eiern vermischen und mit Pfeffer und Salz würzen. Zehn Scheiben formen und in heißem Öl in der Pfanne ungefähr vier Minuten von jeder Seite braten. Crème fraiche mit Mayonnaise und der süßen Chilisoße verrühren; mit Salz und Pfeffer abschmecken. Die Pita-Brote mit Salat, Gurkenscheiben und Fleisch füllen.

All das bereits zu Hause vorbereiten. Die Soße erst direkt vor dem Essen darüber gießen.

Tipp!

Obst und Cocktailtomaten als Proviant sind immer gut für den kleinen Hunger zwischendurch.

Süße Zielscheiben

Statt einer großen Torte servieren wir Cupcakes als Mini-Törtchen.

12 CUPCAKES

Muffins
50 g Butter
3 Eier
150 g Zucker
100 ml Milch
2 TL Vanillezucker
175 g Weizenmehl
2 TL Backpulver

Topping
400 g Frischkäse
400 g weiße Schokolade
Streudekor

Den Backofen auf 175 Grad vorheizen. Die Butter schmelzen. Eier und Zucker schaumig schlagen. Milch und flüssige Butter dazugeben. Alle trockenen Zutaten mischen und vorsichtig in den Teig einarbeiten. Ein Muffinblech mit Papierförmchen auslegen und die Förmchen zu zwei Dritteln mit Teig füllen. Auf mittlerer Schiene im Ofen ca. 20 Minuten backen. Leicht abkühlen lassen. Die weiße Schokolade im Wasserbad schmelzen. Dann mit dem Frischkäse verrühren. Das Topping auf die Cupcakes spritzen oder verstreichen und mit Streudekor garnieren.

Superkraft-Trank

1 ½ l Blaubeer- oder Himbeersaft
0,5 l Zitronenlimonade

Saft und Zitronenlimonade mixen und in Flaschen abfüllen, die dicht verschließen, damit die Kohlensäure länger hält.

Futter für Springmäuse

Kleine Leckereien, die Kraft für noch größere Sprünge geben!

20 STÜCK

100 g Butter
175 g Zucker
4 EL Honig
400 g Nussmischung
6 EL Cornflakes
150 g Schokolade

bunte Streusel

Den Backofen auf 200 Grad vorheizen. Eine Form von ca. 30 x 20 cm mit Backpapier auslegen. Die Butter mit Zucker und Honig in einem Topf schmelzen und mit den Nüssen und den Cornflakes vermischen. Die Mischung in die Form geben und ca. 10 Minuten im Ofen backen. Leicht abkühlen lassen. Schokolade im Wasserbad schmelzen. Den Nusskuchen umdrehen und mit der Schokolade glasieren. Mit Streuseln garnieren. Erkalten lassen und in Stücke schneiden.

Dribbelmeister

Den Ball durch einen Parcours aus Kegeln zu dribbeln, ist eigentlich nicht so schwer. Aber wenn man dazu eine Brille aus Toilettenpapierrollen tragen muss, wird es eine echte Herausforderung – und ein Riesenspaß dazu. Macht daraus ein lustiges Staffelspiel.

4 Toilettenpapierrollen
Gummiband
2 Bälle
Kegel

Je zwei Toilettenpapierrollen mit einem kurzen Stück Gummiband aneinanderknoten. Dann ein längeres Gummiband an den Rollen befestigen, so dass eine „Brille" entsteht, die fest am Kopf sitzt. Je eine Bahn mit einem Parcours aus Kegeln aufbauen und die Mannschaften hintereinander aufstellen. Der erste Spieler beginnt nun, mit Brille den Ball zwischen den Kegeln hin und zurück zu dribbeln; dann kommt der nächste Spieler dran. Das schnellere Team gewinnt.

Hochwasser

Ein echter Klassiker, der für Bewegung in der Turnhalle sorgt! Stellt eine Hindernisbahn aus Geräten und Matten zusammen, zieht die Kletterseile raus und die Ringe runter. Ein Kind spielt den Fänger. Die anderen Kinder dürfen sich jetzt nur auf den Geräten und Matten bewegen, ohne den Hallenboden zu berühren und müssen sich vor dem Fänger in Acht nehmen. Wer gefangen wurde, muss sich an den Spielfeldrand stellen. Wenn das vierte Kind abgefangen ist, darf das erste wieder ins Spiel zurückkehren. Dann wird der Fänger gewechselt.

Naschtüte abwerfen

Alle Naschtüten mit Wäscheklammern an eine Schnur hängen. Die Kinder müssen sich aufstellen und nacheinander versuchen, die Tüten mit einem Ball abzuwerfen. Wer es nicht schafft, muss sich wieder hinten anstellen. Wer es beim zweiten Versuch nicht schafft, darf sich trotzdem seine Tüte abholen.

Duo-Fußball

Für das Fußballspiel die Kinder in zwei Mannschaften einteilen. Um es noch spannender zu machen, müssen sich jeweils zwei Kinder um die Taille fassen und immer zusammen laufen. Ansonsten gelten alle üblichen Fußballregeln.

Partykiosk für Leckerschmecker

Für eine richtig gute Partystimmung braucht es gar nicht viel. Stellen Sie einen Tisch raus und dekorieren Sie ihn zu einem Kiosk mit zwei Stangen und bunten Leckereien. Den Kindern macht es Spaß, wenn sie zum Kiosk gehen und selbst die Zutaten für ihren Hot Dog aussuchen dürfen. Wenn der aufgegessen ist, geht es noch einmal zum Kiosk. Diesmal gibt es Eis mit Streusel und einen echten Kindertraum – Coke Float!

Geburtstagseis

Eis in der Waffel schmeckt noch festtäglicher, wenn die Eiswaffeln einen Streusel-Schokoladenrand bekommen.

10 Eiswaffeln
150 g Schokolade
bunte Steusel

Schokolade im Wasserbad schmelzen. Die Ränder der Waffeln in die Schokolade tauchen und dann in die Streusel stippen.

Tipp!
Schütten Sie Zucker in eine Schale und drücken Sie die Eiswaffeln vorsichtig mit der Spitze hinein, dann stehen sie stabil.

Coke Float

Der Drink sieht zwar nicht besonders appetitlich aus, wird aber von allen Kindern geliebt. Denn wer mag nicht Eis und Cola?

10 GETRÄNKE

1,5 l Cola
10 EL Vanilleeis

Einen Esslöffel Vanilleeis in jedes Glas geben und vorsichtig mit Cola auffüllen – es schäumt sehr! Mit Trinkhalm servieren.

Gefrorene Bananen

Eine leckere Alternative zu Eis. Schmeckt köstlich und ist sogar gesund!

10 PORTIONEN

5 Bananen
200 g Schokolade
Kokosraspeln
10 Stäbchen

Die Bananen schälen und halbieren. In jede Bananenhälfte ein Stäbchen stecken. Auf ein Stück Backpapier legen und mindestens vier Stunden in den Gefrierschrank stellen. Schokolade im Wasserbad schmelzen, die gefrorenen Bananenstücke eintauchen und direkt danach in den Kokosflocken wälzen. Wenn sie nicht gleich gegessen werden, noch einmal in den Gefrierschrank legen.

Spieltipp!
Nehmen Sie die Kinder als Prinzen und Prinzessinnen mit zu einer märchenhaften Traumreise. Alle Kinder bekommen eine goldene Krone. Erzählen Sie ein Märchen, bei dem alle Kinder unter und über Tisch und Stühle kriechen und nach dem Drachen Ausschau halten müssen. Wenn die Kinder dann alle Prüfungen bestanden haben, finden sie den Schatz: eine Kiste voll mit Naschtüten – und das Märchen ist zu Ende.

Grillfest im Herbstwald

Rot und gold leuchtet das Herbstlaub. Das Mützenwetter hindert uns nicht daran, draußen zu feiern – im Gegenteil! Überall gibt es etwas zu entdecken und Platz zum Toben gibt es in Hülle und Fülle. Keiner möchte den Spinnennetz-Lauf verpassen! Machen Sie ein Lagerfeuer. Dazu gibt es eine wärmende Tomatensuppe mit Hackklößchen und zum Nachtisch eine süße Erdbeerrolle.

Würstchen im Stockbrot-Mantel

Die Würstchen kann man zu Hause vorbereiten und dann vor Ort grillen. Macht Spaß und schmeckt!

250 g Weizenmehl
1 TL Salz
2 TL Backpulver
200 ml Wasser
20 Wiener Würstchen

Mehl, Salz, Backpulver und Wasser zu einem geschmeidigen Teig verarbeiten und in 20 Stücke aufteilen. Jedes Stück längs aufrollen und um die Würstchen legen. Einen Grillspieß durchbohren und über dem offenen Feuer grillen. Nach Belieben mit Ketchup und Senf servieren.

Gegrillte Tortillas

Im Herbstwald schmeckt warmes Essen besonders gut und diese Brote machen auch schön satt!

16 STÜCK

6 kleine Tortillas
8 Scheiben Schinken
8 EL Reibekäse

Je zwei Scheiben Schinken auf eine Tortilla legen und mit Reibekäse bestreuen. Dann noch eine Tortilla als Deckel darauf legen. In einer Grillpfanne erhitzen, bis der Käse schmilzt. In vier Teile schneiden und zu der Suppe auf der nächsten Seite servieren.

Tipp! Die Tortillas können auch auf dem Grillrost zubereitet werden.

Tipp!
Gießen Sie die Tomatensuppe in eine Thermoskanne, damit sie im Wald warm bleibt.

Roter Klößchenteich

Eine leckere warme Suppe mit kleinen Hackklößen

6 PORTIONEN

500 g gemischtes Hackfleisch
1 Ei
50 g Semmelbrösel
1 TL Salz
1 Prise Pfeffer
1 Zwiebel
2 Knoblauchzehen
1 El Olivenöl
2 Dosen stückige Tomaten
300 ml Wasser
2 EL Zucker
2 Würfel Gemüsebouillon
200 g Sahne
½ EL Basilikum kleingehackt
Salz
Pfeffer

Das Hackfleisch mit dem Ei, den Semmelbröseln sowie Salz und Pfeffer vermengen und kleine Klößchen daraus formen. Wasser in einem Topf aufkochen und die Klößchen darin in mehreren Portionen ca. 5 Minuten kochen, bis sie aufsteigen. Dann die Suppe zubereiten: Zwiebel und Knoblauch fein hacken und in heißem Olivenöl in einem Topf anbraten. Tomaten, Wasser, Zucker und die Bouillonwürfel dazugeben und die Suppe 20 Minuten köcheln lassen. Den Topf von der Platte nehmen und Sahne sowie das Basilikum unterrühren. Mit Salz und Pfeffer abschmecken. Die Suppe leicht pürieren und erneut erhitzen. Die Hackfleischbällchen hineinlegen, damit sie warm bleiben.

Heiße Schokolade mit Sahne

5 PORTIONEN

1 l Milch
2 Zimtstangen
100 g Vollmilchschokolade
200 g geschlagene Sahne

Die Milch zusammen mit den Zimtstangen und der klein gehackten Schokolade in einem Topf erwärmen. Umrühren bis die Schokolade geschmolzen ist. Die Zimtstangen herausnehmen. Die heiße Schokolade in eine Thermoskanne füllen und die Sahne in einer Dose mitnehmen.

Tipp!
Man kann auch gut warmen Saft mit in den Wald nehmen.

Herbstliche Grilläpfel

Zum Herbst gehört ein Apfeldessert. Diese Äpfel kann man gut zu Hause vorbereiten und in den Wald mitnehmen.

10 PORTIONEN

10 kleine Äpfel
100 g Butter
75 g brauner Rohrzucker
3 EL Zimt
100 g Weizenmehl

Die Kerngehäuse aus den Äpfeln ausstechen. Butter, Zucker, Zimt und Mehl zu einem glatten Teig verkneten und damit die entkernten Äpfel füllen. Die Äpfel einzeln in Alufolie einpacken. Im Wald dann in der Grillfeuerglut ca. 10 Minuten grillen.

Tipp!
Zu den Bratäpfeln passt sehr gut Vanillesoße, die man in einer Plastikflasche mitbringen kann.

Süße Waldkekse

Marshmallowkekse sind ein Herbstpartyabschluss!

10 STÜCK

20 Butterkekse
10 Marshmallows
100 g Schokolade

Die Marshmallows auf einen Spieß stecken und über der Glut grillen. Sobald sie weich werden auf einen Keks legen, ein Stück Schokolade und einen weiteren Keks daraufschichten. Hineinbeißen und genießen!

Fruchtige Rolle

Eine saftige Biskuitrolle, die fruchtig-süß nach Erdbeeren schmeckt!

15 STÜCKE

3 Eier
120 g Zucker
2 TL Vanillezucker
100 g Weizenmehl
1 TL Backpulver
2 El Crème fraiche

300 g gefrorene Erdbeeren
30 g Puderzucker

Die Erdbeeren auftauen. Den Backofen auf 250 Grad vorheizen. Eier und Zucker schaumig schlagen. Vanillezucker, Mehl und Backpulver vermischen und in die Eiermasse rühren. Alles zu einem glatten Teig verarbeiten. Dann die Crème fraiche unterrühren. Den Teig auf einem großzügig mit Backpapier ausgelegten Blech verstreichen. Auf mittlerer Schiene im Ofen ca. 5 Minuten backen. Teigplatte auf ein mit Zucker bestreutes Geschirrtuch stürzen und das Backpapier abziehen. Platte aufrollen und etwas auskühlen lassen. Große Erdbeeren zusammen mit Puderzucker mit einer Gabel zerdrücken. Die Erdbeeren gleichmäßig auf der Teigplatte verteilen und längs zusammenrollen. In Scheiben schneiden.

Tipp!
Nehmen Sie Wasser in Flaschen mit, für alle die durstig oder etwas schmutzig werden!

Schoko-Scheit

15 STÜCKE

3 Eier
120 g Zucker
3 EL Kartoffelmehl
3 EL Weizenmehl
3 EL Kakao
1 ½ TL Backpulver

3 Bananen
400 g Nussnougatcreme

Den Backofen auf 250 Grad vorheizen. Eier und Zucker schaumig schlagen. Kartoffelmehl, Weizenmehl, Kakao und Backpulver vermischen und in die Eiermasse rühren. Alles zu einem glatten Teig verarbeiten. Den Teig auf einem großzügig mit Backpapier ausgelegten Blech verstreichen. Auf mittlerer Schiene im Ofen ca. 5 Minuten backen. Teigplatte auf ein mit Zucker bestreutes Geschirrtuch stürzen und das Backpapier abziehen. Platte aufrollen und etwas auskühlen lassen. Nussnougatcreme auf der Teigplatte verstreichen. Die Bananen in dünne Scheiben schneiden und den Kuchen damit belegen. Die Teigplatte längs zusammenrollen. Beim Servieren aufschneiden.

Regenbogen-Kugeln

Eine etwas gesündere Survival-Variante der Mozart-Kugel, aber genau so köstlich.

125 g Cashewkerne
100 g Datteln
2 TL Kakao
1 ½ TL Wasser

Streusel

Cashews zusammen mit den Datteln, Kakao und Wasser im Mixer zu einer glatten Masse verarbeiten und zu Kugeln rollen. In bunten Streuseln wälzen.

Drachenkampf

So einfach und so lustig!

Seil

Die Kinder in zwei Gruppen aufteilen. Die Mitte mit einem Strich markieren. In die Mitte des Seils einen Knoten machen. Jede Gruppe muss sich an einem Ende des Seils aufstellen. Der Knoten muss sich auf dem markierten Strich befinden. Auf die Plätze, fertig, los! Die Gruppe, die die andere über die Markierung auf ihre Seite hinüberziehen kann, hat gewonnen.

Mini-Segelregatta

Wenn es einen See in der Nähe gibt, macht eine Mini-Segelregatta auch viel Spaß: Die Kinder dürfen ihre eigenen Boote mit einem Ast oder Stück Holz und einem Blatt als Segel bauen. Man kann sogar Boote ganz aus Blättern machen: ein Blatt als Boot und das andere als Segel. Alle setzen ihre Boote gleichzeitig ins Wasser. Das Ziel wird ausgemacht. Das Boot, das zuerst ins Ziel kommt, ist Sieger.

Tipp!

Für dieses Fest empfiehlt es sich, Ersatzkleidung einzupacken, falls ein Kind nass wird.

Schatzsuche

Bei dieser spannenden Schatzsuche kann kein Kind verloren gehen!

Wollknäuel in verschiedenen Farben
Schatzkiste

Spannen Sie die Wollfäden in verschlungenen Bahnen quer durch den Wald; je Strecke eine Farbe. Lassen Sie eine der Strecken bis zur Schatzkiste führen. Die anderen Farben führen auf falsche Fährten, vielleicht zu einem Gespenst, das aus einem schwarzen Plastiksack geformt wurde, oder zu einem großen Stein. Teilen Sie die Kinder in Gruppen ein und dann beginnt die Jagd auf den Schatz! Die Kinder sollen den Wollfäden folgen und sie dabei auf einem Knäuel aufwickeln. Natürlich sind in der Schatzkiste Süßigkeiten für alle Kinder!

Tipp!
Füllen Sie Weingummischlangen in Plastikbecher und spannen Sie ein Stück Gaze als Deckel mit einem Gummiband darüber. Es sieht dann aus wie eine Insektendose.

Durch's Netz geschlüpft

Hier kommt es darauf an, gelenkig und geschmeidig zu sein!

Schnur
Glöckchen

Spannen Sie zwischen den Bäumen ein „Spinnennetz" mit der Schnur und binden Sie kleine Glöckchen daran fest. Dann müssen sich alle durch das Netz schlängeln, ohne die Schnüre zu berühren.

Partybasics

Tipps und Tricks – für eine fantastische Fete unentbehrlich!

- Schreiben Sie in die Einladung, wenn die Kinder wetterfeste Kleidung oder Badezeug mitbringen sollen, ob die Party draußen stattfindet oder ein besonderes Motto hat.
- Setzen Sie das Ende der Party fest. Dann werden alle Partypiraten zeitgleich abgeholt.
- Feiern Sie nicht zu lang, besonders kleine Kinder werden schnell müde und sind dann ungenießbar.
- Zusätzliche Erwachsene können bei Kindergeburtstagen eine große Hilfe sein.
- Nehmen Sie ausnahmsweise Einweg-Geschirr! Es ist schnell besorgt, Sie müssen weniger spülen und vor allem müssen Sie sich keine Gedanken machen, dass es Scherben geben könnte.
- Ein nettes, schnelles Auftaktspiel, wenn die Kinder kommen, ist ein Schätz-Spiel. Füllen Sie eine Glasdose mit Gummibärchen. Alle Kinder müssen die Anzahl der Bärchen schätzen. Wer am nächsten an die Zahl herankommt, gewinnt die Dose.
- Servieren Sie die Geburtstagsbowle aus einem Goldfischglas, in dem Plastikfische und Badeentchen schwimmen.
- Mit Feuchttüchern bekommt man schmutzige kleine Hände und verschmierte Münder schnell sauber. Auch Flecken auf Kleidungsstücken gehen überraschend gut weg, wenn Sie sie vorsichtig mit einem Feuchttuch abrubbeln.
- Eis, massenhaft Eis: Wenn Sie an einem heißen Tag draußen feiern, tun Sie gut daran, Mengen von Eis zum Kühlen der Speisen und Getränke vorzubereiten.
- Viele Kinder mögen es, mit den Fingern zu essen. Auch „Fingerfood" macht Kinder satt und glücklich.
- Je bunter das Essen, umso mehr Spaß macht es. Färben Sie Kartoffelpüree ein – plötzlich wollen die Kinder nur noch das essen!
- Färben Sie Kokosflocken mit ein paar Tropfen Lebensmittelfarbe ein. Dann kurz durchmischen und trocknen lassen. Damit kann man fast jedes Gebäck oder Dessert aufpeppen.

Eigene Tipps:

Partyplaner

Eine gute Planung erleichtert das halbe Leben! Mit dieser Übersicht kommt kein Stress auf.

Wer wird eingeladen?

Motto

Speisekarte

Wunschliste

Checkliste

Zum Ankreuzen für die Großen.

- Datum
- Zeit
- Einladungen
- Essen
- Naschtüten
- Dekoration
- Spiele

Naschtüten

Eines der schönsten und manchmal spannendsten Dinge einer Geburtstagsfeier ist die Naschtüte, die bei weitem nicht einfach nur eine Tüte voller Süßigkeiten sein muss. Nehmen Sie stattdessen phantasievolle Verpackungen und tauschen Sie die Süßigkeiten auch mal gegen witzige kleine Überraschungen. Es gibt massenweise einfache, aber originelle Ideen, wie man die Naschtüte phantasievoll gestalten kann.

Klassische Papiertüten

Einfache, einfarbige Papiertüten werden zu echten Hinguckern gemacht. Man kann sie bemalen, beschreiben oder mit Pailletten bekleben. Eine wunderbare Beschäftigung für Kinder, die mithelfen wollen.

Süßes im Ballon

Stecken Sie ein paar Süßigkeiten in einen Luftballon mit großer Öffnung. Blasen Sie den Ballon mit einer Ballonpumpe auf, beschriften Sie ihn und knoten Sie ihn mit einer Schnur zu. Um die Süßigkeiten herauszubekommen, muss der Luftballon platzen. Durchsichtige Ballons sind dabei besonders geeignet, weil man die Süßigkeiten deutlich sehen kann.

Süßes mit Spitze

Basteln Sie hübsche Spitzentütchen aus Tortenspitzen oder anderen schönen Papieren, die kreisförmig geschnitten werden. Dann zum Halbkreis teilen und daraus einen Tütentrichter formen. Die Kanten verkleben. Ein Bändchen darumbinden – fertig ist die Spitzentüte!

Zellophanbeutel

Diese Klarsicht-Beutel verschönern einfach alles. Man sieht alle Leckereien mit einem Blick – und das wirkt. Wenn Sie einfach eine Luftschlange in den durchsichtigen Beutel stecken, wirkt es viel festlicher. Befestigen Sie oben am Beutel ein Etikett mit dem Namen des Kindes und dem Motto der Party.

Einladungen

Es macht viel Spaß, bei einer Geburtstagsfeier oder Party mitfeiern zu dürfen. Der Spaß beginnt bereits, wenn man die Einladung dazu erhält. Die Einladungskarten können so verrückt, lustig oder spannend gemacht werden, wie man mag. Der Fantasie sind keine Grenzen gesetzt.

Klassische Einladungen

Heute bekommen die meisten von uns nicht mehr viele Briefe oder Karten. Da freut man sich wieder richtig, wenn eine Einladung mit der Post kommt. Durch bunte Karten und Umschläge machen Sie die Einladung individuell. Stecken Sie noch etwas Konfetti oder eine Luftschlange in den Umschlag. Beim Öffnen breitet sich gleich Partystimmung aus!

Einladung auf der Partytröte

Alle Kinder lieben die „Luftrüssel" aus Papier! Verwenden Sie Partytröten als Einladungskarten, um die Gäste in Feierlaune zu bringen. Schreiben Sie die Einladungen auf Papierstreifen, die etwas schmaler und kürzer sind als die Tröte und kleben Sie den Streifen auf der Innenseite des Rüssels auf. Den Kleber trocknen lassen. Dann vorsichtig aufrollen, in den Umschlag stecken und verschicken.

Ballon-Einladung

Luftballons gehören einfach zur Geburtstagsfeier! Wir benutzen sie sogar als Einladungskarte. Blasen Sie einen Ballon leicht auf, knoten Sie ihn aber nicht zu, sondern klemmen Sie ihn mit einem Frischhalte-Clip ab. Schreiben Sie dann die Einladung mit einem wasserfesten Filzstift auf den Ballon. Das Geburtstagskind kann gern mithelfen, den Einladungstext zu verzieren. Dann die Luft wieder rauslassen und den Ballon in einen Umschlag stecken.

Magische Einladung

Eine Einladung, bei der man nicht weiß, wie man sie lesen soll, ist spannend! Vor lauter Vorfreude wird man da ganz kribbelig. Vielleicht der Auftakt für eine Detektiv-Party? Schreiben Sie die Einladungskarte mit spiegelverkehrtem Text. Um die Einladung zu lesen, muss man sie vor einen Spiegel halten.

Nur für V. I. P. s!
Party bei
Mein „Feiertag“:
Uhrzeit:
u. A. w. g.

Willkommen zur Party!
Datum:
Uhrzeit:
Hier ist es:

Danke!

Ein riesiges Dankeschön an all die fröhlichen Kinder, die mit uns gefeiert haben. Ein Dank auch an die Eltern, die das Hinbringen und Abholen organisiert haben. Ganz lieben Dank an meinen geliebten Mann für all deine Unterstützung und Hilfe. Hugo, danke für deine tollen Ideen! Mein größter Dank geht an Maria Ramdén für ihr fantastisches Feedback und ihre Hilfe. Und all meine lieben Freunde, liebe Kinder, liebe Familie: Danke für alle Ideen, Vorschläge und Kommentare. Dank auch euch allen, in deren Küchen wir uns austoben durften. Danke, Carin, für die wie immer wunderbaren Fotos.

Euch allen vielen lieben Dank!

Fia

IMPRESSUM

www.icabokforlag.se

Forma Books ist eine Tochtergesellschaft der Forma Publishing Group, die mit dem Öko-Zertifikat SS-EN ISO 1-14001 zertifiziert ist.

FOTOS: Carin Pålsson
LAYOUT: Fia Arosenius Ahlanzberg
REDAKTION: Maria Ramdén

ÜBERSETZUNG: Marie-Luise Schwarz, Ratingen
LEKTORAT: Alice Hörnecke
PRODUKTMANAGEMENT: Anja Detzel
UMSCHLAGGESTALTUNG UND SATZ: Steffi Rieck
DRUCK: UAB BALTO print, Vilnius, Lithuania

ISBN 978-3-7724-5676-3
Best.-Nr. 5676